LES TÉLÉGRAPHES

LA POSTE ET LES PHARES

EN CHINE

PAR

A.-A. FAUVEL

ANCIEN OFFICIER DES DOUANES CHINOISES

EXTRAIT DES " Questions Diplomatiques et Coloniales "

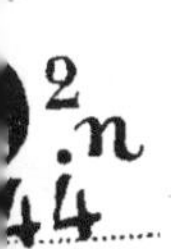

PARIS

IMPRIMERIE F. LEVÉ

RUE CASSETTE, 17

1899

LES TÉLÉGRAPHES

LA POSTE ET LES PHARES

EN CHINE

PAR

A.-A. FAUVEL

ANCIEN OFFICIER DES DOUANES CHINOISES

Extrait des " Questions Diplomatiques et Coloniales "

PARIS

IMPRIMERIE F. LEVÉ

RUE CASSETTE, 17

1899

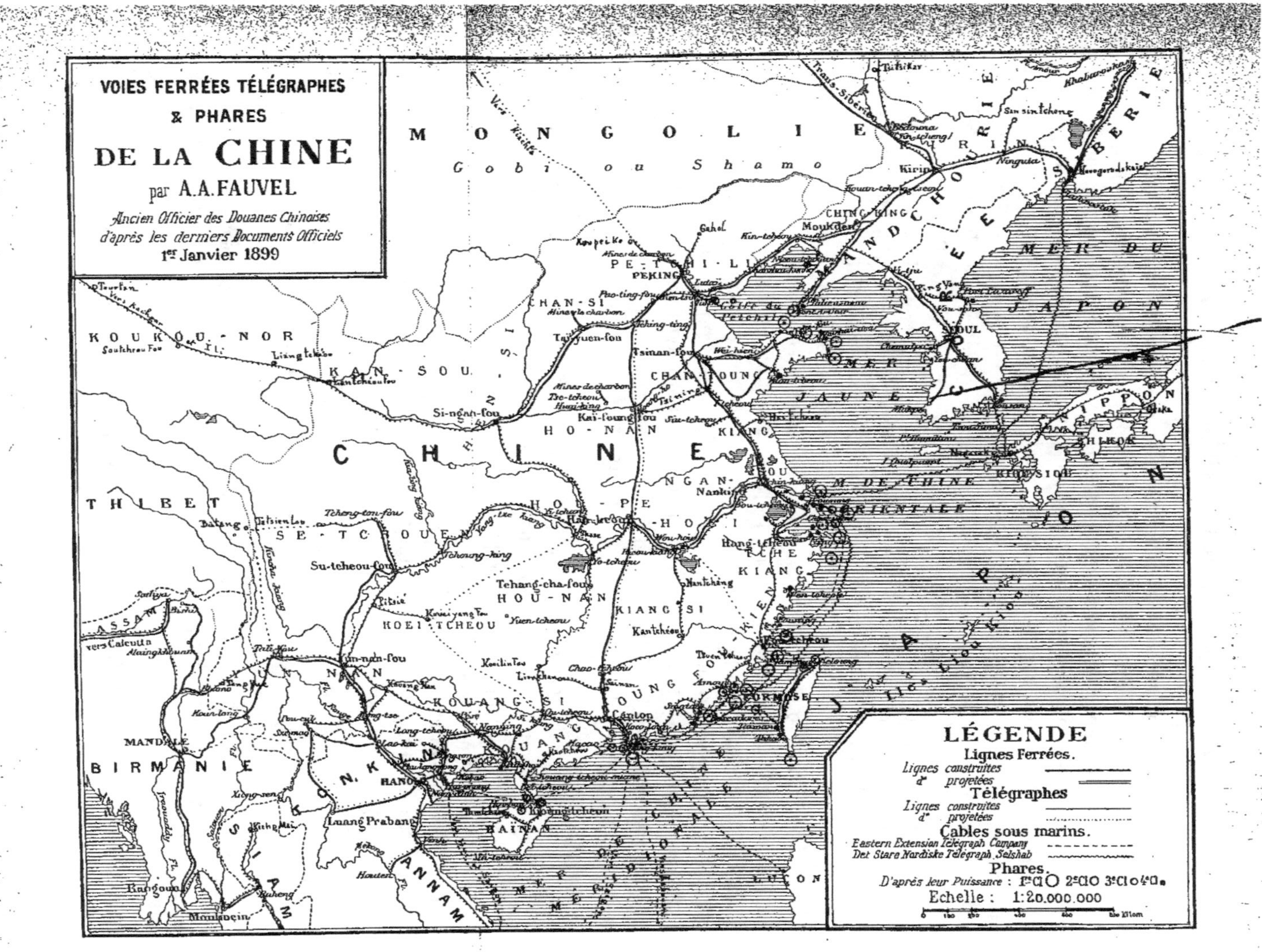

VOIES FERRÉES TÉLÉGRAPHES & PHARES
DE LA CHINE
par A.A.FAUVEL
Ancien Officier des Douanes Chinoises
d'après les derniers Documents Officiels
1er Janvier 1899
LÉGENDE
Lignes Ferrées.
Lignes construites
d° projetées
Télégraphes
Lignes construites
d° projetées
Cables sous marins.
Eastern Extension Telegraph Company
Det Store Nordiske Telegraph Selshab
Phares.
D'après leur Puissance : 1re Cl. 2e Cl. 3e Cl. 4e Cl.
Echelle : 1:20.000.000
MONGOLIE
Gobi ou Shamo
MANDCHOURIE
SIBÉRIE
MER DU JAPON
KOUKOU-NOR
KAN-SOU
CHAN-SI
PE-TCHI-LI
PEKING
HO-NAN
CHAN-TOUNG
MER JAUNE
CHINE
THIBET
SE-TCHOUEN
HO-PE
NGAN-HOEI
KIANG-SOU
HOU-NAN
TCHE-KIANG
KIANG-SI
KOUEI-TCHEOU
FO-KIEN
M DE CHINE ORIENTALE
YUN-NAN
KOUANG-SI
KOUANG-TOUNG
FORMOSE
BIRMANIE
MANDALE
TONKIN
HANOI
ANNAM
SIAM
HAINAN
MER DE CHINE MÉRIDIONALE
JAPON
NIPPON
KIOU-SIOU
LUÇON
Iles Liou-Kiou
ASSAM
vers Calcutta

LES TÉLÉGRAPHES ET LA POSTE

Ce ne fut qu'en 1884 que les Chinois, cédant aux instances de leurs onseillers étrangers, se décidèrent à construire entre Tientsin et Changhaï la première ligne télégraphique terrestre avec l'aide des ingénieurs danois fournis par la « Great Northern Telegraph Company », nom sous lequel la compagnie danoise est plus généralement connue en Extrême-Orient. Le 22 août 1884 le télégraphe atteignait enfin les murs de Pékin, relié à Changhaï par une voie aérienne traversant les provinces du Kiang-sou, du Chan-toung et du Tchili, en suivant le grand canal impérial de Chin-kiang à Tientsin, puis les bords du Pei-ho de ce point à Pékin. Au début, on eut la plus grande peine à entretenir la ligne. Les habitants, sous prétexte que l'ombre des poteaux et même du fil, portant sur les tombeaux, gênait le repos de leurs ancêtres, arrachèrent les uns et coupèrent l'autre.

Les poteaux, venus à grands frais du Japon, furent employés comme bois de chauffage surtout dans la traversée de la grande plaine où les arbres manquent complètement en dehors des cimetières. Le fil servit à fabriquer des clous. On ne put arrêter cette destruction qu'en affichant sur chaque poteau un décret de l'empereur menaçant de la décapitation immédiate tout individu convaincu d'avoir porté une main destructive sur le télégraphe, ou le « fil qui porte la foudre », comme ils l'appellent.

La guerre de la France contre la Chine en 1884 donna une impulsion considérable à la construction des lignes télégraphiques dans l'intérieur de l'empire. On relia alors aussi rapidement que possible les frontières du Tonkin avec Changhaï et nous vîmes construire la ligne le long du Yang-tze-Kiang jusqu'à Hankéou, où nous apprîmes par le télégraphe la victoire de l'amiral Courbet à Fou-tchéou. Les nouvelles que le gouvernement put recevoir alors continuellement du théâtre de la guerre lui ayant montré l'utilité des lignes télégraphiques on en poursuivit la construction avec autant d'ardeur qu'on y avait mis autrefois d'opposition.

En 1887 les lignes aériennes des télégraphes chinois atteignaient la frontière de Sibérie et le gouvernement de l'empereur Kouang-sü invitait l'empire russe à relier ses télégraphes sibériens avec le réseau chinois. La Russie ne demandait pas mieux ; mais, comme elle était liée par un contrat avec la grande compagnie danoise des

Télégraphes du Nord, elle dut entrer en arrangements avec celle-ci au sujet des monopoles qu'elle lui avait garantis lors de l'exécution des lignes sous-marines et les pourparlers n'aboutirent que le 25 août 1892.

En attendant, la paix avait été signée entre la France et la Chine en 1885 et les nouvelles amies se tendaient la main par-dessus les frontières tonkinoises, le réseau télégraphique français au Tonkin ayant été relié au réseau chinois au Yunnan entre Meng-tze et Lao-Kaï, au Kouang-si entre Loung-tchéou et Lang-son. De plus, la France et la Chine signaient une convention télégraphique concernant les tarifs en 1888. Elle expire en 1902. Elle est copiée en partie sur la convention signée en 1883 entre la Chine et la compagnie danoise et qui expire en 1903. Ceci facilita beaucoup les négociations avec la Russie qui réussit enfin à signer un contrat avec la Chine le 25 août 1892. Ce contrat est valable pour dix ans, de façon que son échéance coïncide avec celle des contrats avec la France, avec la compagnie danoise pour l'atterissage de ses câbles et aussi avec la compagnie anglaise Eastern Extension Telegraph Company, qui en 1883 amena à Amoy, à Sharp Peak près Fou-tchéou et à Changhaï l'extrémité de ses câbles sous-marins de Hong-Kong, créant une concurrence à la compagnie danoise avec laquelle elle dut entrer en arrangements pour l'application commune des tarifs. Ces règlements, après de longs pourparlers et une lutte assez vive, dont tous les journaux étrangers de Chine étaient alors remplis, furent enfin sanctionnés par le Tsoung-li-yamen et les ministres d'Angleterre et de Danemark à Pékin en 1883. Ils sont conclus pour vingt ans de façon à en faire coïncider aussi l'échéance avec celle des contrats qui assurent le monopole des lignes japonaises à la grande compagnie des Télégraphes du Nord jusqu'en 1903. La convention russo-chinoise a permis à la Chine de se relier aux télégraphes russes en trois endroits de la frontière savoir : Wen-chuen avec Novokievsk ; Hélam-po avec Blagovietchensk et Hun-chun avec Novogorodskaïa en 1895 [1]. La liaison de Pékin par Maï-maï-tcheng avec Kiahkta est en projet.

Les prix de transmission d'une station quelconque de Chine par les deux jonctions existantes est fixé comme suit pour le mot : pour l'Europe (excepté la Russie), 2 dollars ; pour la Russie d'Europe, 1,12 dollar ; pour la Russie d'Asie, 0,88 dollar.

Il est d'ailleurs stipulé que ces prix seront diminués au cas où d'autres lignes établiraient un tarif moindre. Il est aussi convenu

---

[1] La même année a eu lieu la jonction des lignes de l'Inde anglaise avec la Chine par l'achèvement du tronçon frontière entre Bahmo et Teng-yueh allant de là à Yun-nan-fou.

que les deux parties contractantes auront le pouvoir de modifier les tarifs par accord commun. Enfin les règlements de la convention télégraphique internationale seront appliqués aux correspondances passant par les points de jonction. Les prix de transmission par les lignes aériennes russo-chinoises sont considérablement moins élevés que ceux payés pour les dépêches passant par les câbles de Changhaï à Vladivostok *viâ* Nagasaki. Le tableau suivant montre la différence en moins par mot de divers points de la Chine comparée avec les prix existants pour les câbles en question, (valeur en dollars mexicains) :

POINTS DE DÉPART EN CHINE	DE CHINE EN RUSSIE		DE CHINE EN EUROPE ET EN AMÉRIQUE
	d'Europe	d'Asie	
	$	$	$
De Changhaï......... \			
De Fou-tchéou........ }	0.63	0.62	0.52
D'Amoy............. /			
De Séoul............	1.15	1.14	0.40
De Pékin............	1.03	1.02	0.40
De Niéou-tchouang....	0.95	0.94	0.32
De Tientsin..........	0.93	0.92	0.30
De Tchéfou..........	0.93	0.92	0.30
De Hankéou.........	0.91	0.90	0.28

La convention télégraphique russo-chinoise, comme le dit fort bien le journal anglo-chinois « London and China Telegraph » du 31 décembre 1892, est un pas décisif dans le sens du développement et de la facilité des relations télégraphiques internationales. L'administration des télégraphes chinois emploie fort justement et intelligemment l'augmentation des revenus que lui amènent ces nouvelles jonctions à la construction d'une nouvelle ligne internationale de 3000 *li* (environ 300 lieues) de longueur sur Kiakhta. Celle-ci donnera une route nouvelle et fort utile entre la Chine et l'Europe. Elle amènera en même temps une diminution notable des tarifs de 1892, autant du moins que le permettront les contrats actuellement en vigueur.

Il n'y a donc pas lieu, comme l'ajoute le journal cité ci-dessus, à se plaindre ou à protester au sujet de la convention en question.

En 1892, l'Angleterre n'était pas encore rejointe au réseau aérien chinois. La carte de la compagnie des Télégraphes du Nord pour 1894, montre Bahmo en Birmanie relié à Yun-nan-fou, la capitale du Yun-nan, par la ville frontière de Momein à Teng-yueh, point extrême des télégraphes chinois, au Yun-nan occidental sur la carte officielle du *Telegraphic system of China* éditée par le gouvernement chinois, en novembre 1890, avec l'aide de l'imprimerie de la mission des Pères Jésuites de Tou-sé-vé près Changhaï. Il est donc probable que la jonction, dont nous n'avons pu retrouver la date, s'est faite en 1893.

En décembre 1892, l'administration des télégraphes chinois, qui ne comptait encore que onze ans d'existence, avait poussé si activement ses lignes, grâce à l'énergie de son directeur général Shang-tao-taï, qu'elle accusait dans ses statistiques un réseau de 42000 *li* avec 58.000 li de fils s'étendant à cent soixante-onze villes différentes. Formose, les Pescadores et Haïnan étaient déjà à cette époque reliées au réseau continental au moyen de câbles sous-marins, propriété du gouvernement chinois, mais posés par le vapeur spécial de la compagnie danoise l'*Oersted*. La Chine possédait donc un réseau qui, s'étendant de la pointe sud de Haïnan au Hei-loung-kiang au nord et de Changhaï à Teng-yueh à la frontière du Yun-nan à l'ouest, possède un plus grand développement que la ligne de Norvège en Sicile jointe à celle de Lisbonne au Caucase.

En 1893, la ligne du Kan-sou a été prolongée jusqu'à Ili, à l'extrémité occidentale la plus éloignée de l'empire chinois.

En 1894, les lignes du Tchili, passant par Niéou-tchouang, pénétrèrent en Corée par la ville frontière de Weï-tjiou, et les Japonais joignirent ce point à l'extrémité sud de la Corée à Fousan, en passant par Séoul, mettant ainsi la Chine en communication nouvelle avec le Japon, par le câble allant de Fousan à Nagasaki par les îles Tsoushima.

La dernière liste des stations des télégraphes impériaux de la Chine parue en août 1897, et qui nous a été fort aimablement communiquée par la grande compagnie des Télégraphes du Nord, ne renferme pas moins de 239 noms de villes desservies. C'est donc 68 de plus qu'en novembre 1890, date de la première liste officielle.

Voyons maintenant comment fonctionne l'administration des télégraphes chinois. Elle est essentiellement gouvernementale et sous la direction de Sheng-tao-taï. Les lignes ont été établies avec l'aide des ingénieurs danois de la compagnie plus connue en Chine par son nom anglais, Great Northern Telegraph Compagny que par son nom danois. Ils relevèrent le tracé et dirigèrent la construction faite entièrement avec l'aide de la main-d'œuvre indigène. Les employés sont des Chinois parlant quelquefois l'anglais, la langue officielle de l'administration, instruits par des télégraphistes danois, dont quelques-uns sont fixés à l'intérieur, aux points les plus importants. C'est ainsi que M. Jensen demeure à Yun-nan-fou, la capitale de la province du Yun-nan depuis 1887, et y est chargé de l'administration technique. Les poteaux sont comme nous l'avons déjà dit en bois, aussi ne durent-ils guère plus de deux ans dans les provinces tropicales de la Chine méridionale où les pluies d'été sont aussi fréquentes qu'abondantes. Les poteaux pourris par le pied, tombent souvent, et entraînant le fil à terre, le courant passe par le sol et les communications sont interrompues. Dans le Yun-nan les habitants s'amusent aussi à casser à coups de pierre les isolateurs en porcelaine, tout comme nos gamins le font dans nos campagnes. Un correspondant du « Cosmos » qui signe J. E. sans doute un missionnaire catholique français, écrit à cette revue en date du Yun-nan-sen, 15 juin 1898, qu'il a vu, sur une longue distance de la route qu'il suivait, tous les isolateurs ainsi détériorés.

Souvent même ils manquaient complètement, et le fil reposait sur le support recourbé en fer. « Dans ce cas, le poteau en bois, mau-« vais conducteur de l'électricité, isole encore suffisamment le cou-« rant. Mais supposez des poteaux en fer, dont le pied, en commu-« nication intime avec le sol, forme une excellente dérivation. Vous « voyez d'ici le résultat ! C'est ce qui a fait renoncer à l'emploi du « fer, du moins provisoirement. Une fois les Chinois plus habitués « ou mieux surveillés, ne brisant plus les isolateurs, l'usage des « poteaux métalliques sera réalisable. Quelqu'un proposait de percher « sur chaque poteau un petit poussah qui tiendrait les Chinois dans « une réserve respectueuse. L'idée est à creuser. » Nous pensons que l'édit impérial, qui a déjà fait si bon office dans le Nord, remplirait au moins aussi bien le but, surtout si l'on rendait responsable toutes les autorités civiles du pays depuis le *fou-taï* ou gouverneur jusqu'au *ti-pao*, simple chef du village.

On a éprouvé au début une très grande difficulté pour transmettre par télégraphe des dépêches en chinois. On sait, en effet, que loin de se réduire à vingt-quatre lettres comme la nôtre ou même à vingt et une comme la langue écrite coréenne, l'écriture chinoise ne compte pas moins de 44.000 caractères idéographiques, que seuls les télégraphes imprimant et dessinant, du genre imaginé par Caselli auraient pu transmettre sans erreur. Mais comme les appareils dessinant ou autographiant sont très délicats et aussi fort dispendieux, il a fallu chercher un moyen pratique de se servir du système Morse à signaux linéaires. La difficulté a été vaincue, grâce à l'idée ingénieuse d'un de nos anciens collègues des douanes impériales maritimes chinoises, le capitaine de port de Shanghaï, M. Vignier. Il composa un véritable code télégraphique avec les 8.000 principaux idéogrammes du dictionnaire dit de l'empereur Kang-hsi qui est un ouvrage classique en Chine et fait autorité. A chacun de ces caractères fut attribué un nombre en quatre chiffres que l'on transmet par le télégraphe. Un message devient ainsi facile à expédier et il a, comme les dépêches des gouvernements, l'avantage de n'être lisible que pour celui qui possède ce qu'en terme technique on appelle le chiffre qui est ici le code. Comme cela demande un travail soigneux de la part de l'employé du télégraphe, auquel l'expéditeur et le destinataire doivent s'en remettre pour la traduction de la dépêche en code, et inversement en clair; ledit employé en profite pour exiger des clients une légère commission qui varie naturellement, suivant la position de l'expéditeur ou du destinataire et qui ne descend guère au-dessous d'un dixième du tarif par mot.

Le tarif officiel d'août 1897 est établi d'après la distance à partir de Shanghaï ou de Chiamdo. Le minimum est de 20 cents de dollar par mot, pour le point le plus voisin par exemple Sou-tchéou à quelques milles, et le maximum est de 56 cents pour les points extrêmes comme Ili et Kashgar. Ces chiffres s'appliquent aux dépêches en langues européennes, car un message en langue chinoise jouit du privilège du demi-tarif, au moins dans le Yun-nan.

Malgré cette diminution de prix, les chinois de cette province usent peu du télégraphe et le bureau de Yun-nan-sen, d'après le correspondant du Cosmos, n'encaisse en moyenne que 6 à 700 piastres par mois. Pour les autres bureaux de cette province, si l'on en excepte peut-être Mong-tse, qui, comme l'on sait, est un point ouvert au commerce étranger et où la France possède un consul, les recettes ne couvrent pas les dépenses. Sur la côte et le long du Yang-tze-Kiang, où les transactions commerciales sont très actives, les bureaux du télégraphe chinois, font, dit-on, de belles recettes. Elles doivent être d'autant plus sérieuses, que le taux du change est plus élevé, les payements se faisant en argent.

Les employés chinois sont assez négligents et les télégrammes subissent souvent entre leurs mains des modifications extraordinaires. Nombreuses sont les histoires que l'on raconte sur ce sujet; qu'on nous permette de citer seulement la suivante, que nous tenons de la bouche même d'un de nos amis de Chin-kiang.

Pendant l'hiver de 1888, le supérieur de la mission du Kiang-nan, le père Sédille, était allé visiter une chrétienté éloignée du district de Lou-ngan-fou dans le Ngan-hoei. Bloqué dans sa barque, dans un coin du lac Tchao, pris tout à coup par les glaces et aussi par une abondante chûte de neige, qui rendit toutes les routes impraticables, on fut pendant près de quarante jours sans aucunes nouvelles du missionnaire. Sitôt le dégel arrivé, il se précipita au bureau télégraphique de Wou-hou, la ville la plus voisine, et annonça au curé de Chin-kiang qu'il arriverait le lendemain. L'employé du télégraphe ayant à mettre en chiffres le texte chinois de la dépêche, prit un caractère pour un autre et du nom chinois Sé du père fit Se, dont la signification est cadavre, de sorte que l'on apprit avec tristesse à

Chin-kiang que le cadavre du Père Sédille arrivait le lendemain. On fit aussitôt tendre l'église, préparer la fosse, et l'on invita au service funèbre du supérieur tous les résidents étrangers et les chrétiens.

Le lendemain matin, le Père Sédille arrivait à Chin-kiang ; sa première visite fut pour l'église, puis pour le curé auquel il demanda naturellement avant tout pour qui était le superbe service préparé. Le curé reconnaissant à peine le Père Sédille, amaigri par un carême forcé et les souffrances d'un hivernage de plus d'un grand mois dans sa mauvaise barque, au milieu des glaces et d'une population hostile, crut tout d'abord voir un revenant et finit en riant par lui annoncer que c'était lui-même qu'on allait enterrer dans deux heures. On n'eut que juste le temps de décommander les invitations et de remplacer le service funèbre par des prières d'action de grâces.

Cette année même, le fameux réformateur chinois Kang-yu-weï, fuyant Pékin, où l'on avait mis sa tête à prix, faillit être arrêté à Tchéfou où l'on avait télégraphié au Tao-taï de s'assurer de sa personne. Cette fois, le télégramme était parfaitement transmis. Mais le gouverneur du circuit de Tché-fou avait à se rendre à Kiao-tchéou. Sachant qu'il n'y a pas de secrets pour les domestiques d'un mandarin et craignant qu'on avertit l'intéressé, il mit la dépêche dans sa botte et l'emporta avec lui à Kiao-tchéou à plusieurs jours au sud.

Quand il revint à son poste, il apprit avec terreur que Kang-yu-weï était descendu à terre, s'était promené sans crainte dans la ville où il avait même fait quelques achats, se doutant peu qu'il devait la vie à la crainte du Tao-taï pour les indiscrétions. Celui-ci s'était sans doute rappelé que, pendant la guerre sino-japonaise, les employés des yàmens avaient vendu aux Japonais les dépêches du gouvernement chinois concernant les mouvements des troupes. Il n'y aura vraiment de bon service télégraphique en Chine que quand il sera dans les mains d'une nation européenne, tout comme les douanes impériales.

En terminant cette note sur les télégraphes de l'empire chinois, il y a lieu de dire quelques mots sur le service des postes chez les Célestes. De tout temps, le transport des dépêches du gouvernement s'est fait au moyen de courriers impériaux à cheval. Ils portent les ordres de l'Empereur dans un étui spécial, attaché sur leur dos, ils se font reconnaître de loin au moyen d'un petit pavillon jaune, fiché dans le col de leur habit. Des relais sont préparés tous les cent lis et pour ne pas perdre de temps, on porte le courrier d'un cheval sur l'autre, sans qu'il mette pied à terre. Il mange comme il peut et va toujours au galop. Quant aux correspondances du bon public, elles sont confiées à des entrepreneurs, qui en acceptent l'entière responsabilité et les transmettent avec une fidélité scrupuleuse, ainsi que l'attestent nos missionnaires, qui s'en servent même pour le transport de leurs fonds. On leur confie même de petits paquets analogues à nos colis postaux. Malheureusement, comme ils n'ont pas le privilège de réquisitionner les chevaux ainsi que les courriers officiels, le service se fait par les moyens les plus rudimentaires, barques, chevaux, ânes, voitures ou même à dos d'homme, suivant la nature du pays à traverser et l'état des routes. L'inspecteur général des douanes impériales maritimes, sir Robert Hart, s'est occupé, dès 1874, de créer un service postal plus rapide et, après de longues et minutieuses études et quelques essais, il a ouvert des bureaux de poste dans tous les ports ouverts au commerce étranger. Ces bureaux sont desservis par une partie du personnel des douanes, assisté de commis chinois et le transport de la matière postale se fait par les paquebots étrangers ou chinois, ou même par chemin de fer, là où il en existe, comme par exemple entre Tientsin et Pékin où se trouve l'inspectorat des douanes. On a créé des timbres-poste spéciaux dont les vignettes représentent un détail caractéristique du paysage local, façon aussi intelligente que nouvelle d'indiquer le point de départ des lettres et colis. Grâce à la création de ce service qui fonctionne d'une façon assez satisfaisante et possède des garanties sérieuses de régularité et de sécurité, la Chine a été admise, il y a quelques années, dans l'Union postale universelle, ainsi que la Corée qui était alors pays tributaire et est aujourd'hui indépendante.

On trouve aussi à Shanghaï, dans les concessions étrangères des bureaux de poste municipaux, possédant un personnel indépendant du service des douanes et des postes de l'Empire. Il y a aussi des bureaux de poste appartenant aux gouvernements étrangers. C'est ainsi que sur la concession française de Shanghaï, le gouvernement français possède un bureau de poste dirigé par un receveur, relevant de l'administration des postes de la métropole. Ces bureaux reçoivent les lettres arrivant par les paquebots poste français, anglais, américains, allemands, autrichiens, russes, etc., et les transmettent par leurs facteurs indigènes aux destinataires ou aux bureaux municipaux ou aux douanes selon les cas.

C'est la copie exacte de ce qui se passe dans les pays de capitulation comme en Turquie, en Égypte et à Zanzibar. Il est probable qu'ils disparaîtront quand la Chine aura pu installer partout chez elle un service postal sur le modèle de celui des nations étrangères et qu'il sera suffisamment contrôlé par des fonctionnaires européens au service de l'Empire, tout comme cela a lieu dans les douanes. Il a été question depuis deux ans au moins, de la création d'un service général des postes, et la France a demandé que la direction en fût confiée à un Français, tout comme l'inspectorat des douanes est confié à un Anglais. On dit que la chose a été acceptée par l'empereur, malgré l'opposition très vive de l'Angleterre, qui voudrait que sir Robert Hart gardât la direction des postes qu'il a déjà à peu près organisées d'une façon indépendante des douanes dans les ports ouverts et qu'il s'efforce d'établir dans toutes les grandes villes pour commencer. Nous croyons savoir que la France n'a obtenu que le droit d'avoir dans le nouveau service un nombre d'employés proportionnel au chiffre de ses transactions commerciales en Chine. Dans ce cas, l'Angleterre serait assurée de posséder d'ores et déjà les trois quarts des employés du dit service. On dit aussi que le gouvernement français n'a pas encore trouvé le moyen d'envoyer en Chine des employés pour prendre le plus vite possible la part qui lui est allouée dans cette vaste administration qui sera sans doute internationale comme celle des douanes. En Corée, nous serions plus heureux, et l'organisation des postes y serait, paraît-il, déjà confiée à un Français.

II

LES PHARES

C'est à l'administration internationale des Douanes impériales maritimes chinoises et tout particulièrement à l'initiative intelligente de son éminent inspecteur général, Sir Robert Hart, que l'Empire du milieu doit l'organisation, aujourd'hui si parfaite, de l'éclairage et du balisage de ses côtes, de ses fleuves et de ses ports. En effet, avant 1854, la Chine en était réduite à ce point de vue à ce qui existait en France au Moyen Age. Les phares destinés, à guider les jonques le long des côtes, consistaient alors en quelques rares lanternes placées dans les endroits les plus dangereux. Nous avons pu en visiter encore quelques-unes avant qu'elles aient été remplacées par de magnifiques phares à l'européenne.

Décrivons celle que nous avons dessinée le 18 juin 1875, lors d'une inspection de service au phare nouvellement construit sur la pointe extrême du cap Chang-toung, par 37°24' de latitude nord et 122°42' de longitude orientale de Greenwich, ce qui en fait le feu le plus oriental de toute la Chine. Tout auprès, sur le bord escarpé d'une falaise de granit rose, s'élève une vieille tour carrée, un peu plus large à la base qu'au sommet, construite en briques grises. Sur la tour un léger pavillon en bois, avec la toiture recourbée spéciale à tous les édifices chinois, abrite une lanterne à vitres de papier huilé dans laquelle un vase en terre, rempli d'huile de pois et muni de plusieurs mèches en moelle de jonc, constitue l'appareil d'éclairage destiné à écarter les jonques des récifs voisins sur lesquels un violent courant de marée vient toujours se briser. Chaque soir un bonze du monastère voisin montait le branlant escalier de bois de la tourelle de *Tcheng-chan-téou* et, battant un mauvais briquet de fer sur de l'amadou formé du duvet de l'armoise sauvage, il allumait les mèches du vulgaire grasset, puis allait se coucher, laissant à Bouddha le soin de veiller à la lueur falote de la lanterne, que le vent du large, pénétrant par les interstices du cadre, ou par les trous des écrans de papier, ne tardait pas à éteindre. Cela n'empêchait pas les Ho-shan du temple de réclamer aux pêcheurs de la côte une dîme en sapèques bien sonnantes pour les services ainsi rendus à la navigation côtière. Il est vrai d'ajouter qu'en temps de brouillard, ils frappaient la cloche de la pagode au moyen d'un lourd mouton de bois et avertissaient ainsi les pêcheurs du danger qu'ils couraient en s'approchant trop près des écueils. C'est ainsi qu'au Moyen Age des moines entrenaient dans une lanterne, où la corne remplaçait le papier, un feu presque pareil, dans le clocher de l'église de Guérande sur nos côtes bretonnes ou dans la tour de celle de Cordouan à l'entrée de la Gironde, ainsi que nous l'apprend notre ami M. de La Roncière[1], qui a retrouvé, dans de vieux manuscrits latins à Rome, l'histoire de ces phares primitifs et les bulles dont ils furent l'objet de la part des papes d'alors.

Pour ce qui est des balises, elles consistaient autrefois en quelques perches de bambou dans les rivières ou en troncs de peuplier piqués dans la vase des estuaires, comme ceux qui, en 1874, dirigèrent notre navigation sur la barre du fleuve Jaune.

Lorsque les premiers traités, conclus entre le Fils du Ciel et les représentants des puissances étrangères, ouvrirent à la navigation à vapeur les premiers ports de l'Empire chinois, il fallut aviser à doter leurs entrées et les rivières navigables de phares et de balises un peu moins rudimentaires.

C'est tout naturellement à Canton, que fréquentaient déjà depuis près de deux siècles les vaisseaux de commerce de la Compagnie des Indes et qui fut ouvert officiellement au commerce des Européens par le traité de Nankin en 1842, que furent allumés les premiers feux par les soins de l'administration étrangère des douanes impériales maritimes chinoises, fondée en 1854, à Chang-haï. Les documents officiels publiés annuellement par Sir Robert Hart, son grand chef, résidant à Pékin sous le titre d'inspecteur général, nous apprennent, en effet, que ce fut en 1859 que l'on alluma pour la première fois les

---

[1] Le savant auteur de l'Histoire de la marine française dont le premier volume vient de paraître.

feux des balises en granit récemment élevées aux deux extrémités de l'ile de *Dutch Folly* à l'entrée du fleuve de la Perle (Tchou-Kiang) non loin de Canton. Ce ne sont encore que trois modestes lanternes à feux verts et rouges, dits feux de port, qui n'éclairent le passage qu'à une distance maxima de deux milles anglais.

Dès 1855 l'entrée de Chang-haï avait été facilitée par l'établissement d'un feu allumé sur une jonque mouillée sur le banc Toung-sha, dans l'estuaire du Yang-tze-kiang, à quelques milles de Wousoung, rivière qui, comme l'on sait, donne accès à Chang-haï. Aujourd'hui ce primitif feu flottant a été remplacé par un excellent *light-boat* de construction anglaise, sorti des chantiers de Chang-haï.

Son feu, système catoptrique, à éclats de demi-minute en demi-minute, a une portée de 11 mille marins. Si le Toung-sha, comme on l'appelle, est le premier feu flottant des côtes de Chine, le premier phare proprement dit est celui que M. Luson, commissaire des douanes à Tchéfou fit élever en 1867 sur l'île Koung-toung-tao que nos marins avaient baptisée Ile des Serpents quand, en 1860, lors de la campagne des alliés contre Pékin, ils y établirent un hôpital pour les malades de l'expédition française fixée en face, sur la plage de Tchéfou à 6 milles à l'ouest de l'île. Le Luson-light comme on l'appelle encore, bien que son nom officiel soit *Chefoo-light* suivant l'orthographe anglaise, étant le prototype des phares chinois, mérite quelques mots de description.

La tour, située sur la partie centrale et la plus élevée de l'île mesure, 45 pieds de hauteur, mais grâce à la colline sur laquelle elle est construite, la lanterne se trouve à 242 pieds au-dessus du niveau des hautes mers. Elle est ronde, construite en pierre de granit et peinte en bandes alternativement blanches et rouges. C'est un feu de première classe portant à 22 milles marins en beau temps, et visible de tous les points du compas. L'appareil est catoptrique, c'est-à-dire, qu'au lieu de lentilles, il est simplement pourvu des réflecteurs paraboliques argentés de l'ancien système, aujourd'hui abandonné pour tous les feux de première classe. Par temps de brouillard, les gardiens entendant un signal sonore d'un navire à proximité y répondent en tirant deux coups de canon à l'intervalle de 5 minutes et répètent ce signal 8 minutes après, si le navire continue d'être entendu.

Le second feu (de sixième classe) fut allumé en 1863 et modifié en 1888. Il est élevé sur l'île de Taïtan à l'entrée du port d'Amoy.

Les revenus des douanes augmentant rapidement, l'on peut bientôt doter les côtes de nouveaux phares.

En 1865 l'entrée du port de Ningpo est facilitée de nuit par la construction de deux phares sur les îles Square et Tiger. Ils sont respectivement de cinquième et sixième classe, visibles à 9 et 5 milles au large ; ce sont presque des feux de ports, comme celui de Wousoung, établi la même année à l'entrée de la rivière de Chang-haï. Pendant l'année 1867 le cours inférieur du Yang-tze-kiang, entre Chinkiang et Kiéoukiang, est pourvu de 6 feux de sixième classe, visibles à 7 milles et consistant en fanaux mobiles que l'on hisse chaque soir au haut d'un mât peint en noir et surmonté d'une grosse boule en osier de même couleur. Ce sont des balises éclairées plutôt que des phares. En 1869 l'éclairage du fleuve est assuré jusqu'à Hankéou par l'établissement du bateau feu de l'île Gravener.

Le port de Niéou-tchouang, le plus septentrional des côtes de Chine, fut rendu accessible par l'établissement, dès 1867, du bateau feu « Newchwang » mouillé à 3 milles et demi à l'ouest-sud-ouest de la barre du fleuve Liao-toung, sur lequel est situé le port de Ying-tze plus connu sous le nom de Niéou-tchouang (en anglais Newchwang), ville de ce nom située à quelques milles plus loin dans les terres. Comme le golfe du Liao-toung est pris chaque hiver par les glaces, ce bateau feu est rentré au port du 15 novembre au 1er avril. Il en est de même du bateau feu de Takou, à l'entrée du Pei-ho établi seulement en 1880.

Le feu le plus puissant des côtes de Chine est celui de Pei-yu-shan, sur l'île de Sha-ho, à 60 milles au Sud-Est de Ningpo. Élevé de 345 pieds au-dessus du niveau des hautes mers, il est visible à 23 milles au large par beau temps et fut allumé en 1895. C'est d'après la liste officielle des phares le dernier construit[1]. Sur la terre ferme le phare de Lao-tieh-shan, à l'extrême pointe sud de la péninsule du Liao-toung et à peu de distance du fameux port annexé en 1898 par les Russes, qui en ont changé le nom anglais de Port Arthur en celui de Nicola-wan ou Baie Nicolas, vient immédiatement en second car, élevé de 315 pieds, il est visible jusqu'à 25 milles au large, où il croise ses feux avec ceux de l'île How-ki du groupe des Miao-tao, à l'entrée du golfe du Petchili. Il fut construit en 1893. Depuis que les Russes sont maîtres de la pointe sud du Liao-toung ils ont chassé de ce phare les gardiens du service des douanes pour y installer des Russes. Par suite il a dû être rayé de la liste des phares chinois comme le sont les deux feux du port de Weï-haï-weï, dont les Anglais ont pris possession en 1897 et ceux de Formose et des Pescadores, annexées par les Japonais en 1895.

Après les deux puissants phares ci-dessus mentionnés viennent successivement, en partant du sud, les feux de première classe de l'île : Waglan au sud de Hong-Kong (22 m.), de la pointe Breaker (19 m.), des îles Lamocks (22 m.), en face Swatow ; de Chapel Island (22 m.), à l'entrée d'Amoy ; de Dodd Island (18 m.) ; des îles Ockseu

---

[1] China Imperial maritime customs. *List of the chinese lighthouses, lightvessels, buoys and beacons for* 1898.

(24 m.), Turnabout (23 m.) et Middle Dog (23 m.), aux environs de Fou-tchéou ; puis ceux des îles : North Sadle (24 m.), Shaweishan (22 m.), facilitant l'entrée du Yang-tse-kiang. Enfin le feu du promotoire sud-est du Chan-toung, visible seulement à 15 milles, clôt la liste des feux de première classe dont le nombre est ainsi de 15. Si l'on y ajoute 3 feux de 3e classe [1], 9 de 4e, 1 de 5e, 8 de 6e et deux non classés on arrive à un total de 38 phares. En y ajoutant 14 feux flottants et 57 balises éclairées on trouve en tout 109 feux pour les côtes et les rivières de Chine à la date du 1er décembre 1897.

La construction des phares n'a pas toujours été facile. C'est ainsi que la population du promontoire nord-est du Chan-toung s'opposa longtemps à la vente du terrain destiné au feu de Tcheng-shan-téou. Lorsque l'on eut, à force de négociations et de cadeaux, obtenu enfin la coopération du petit mandarin de l'endroit, les gens du pays s'opposèrent tout à fait à ce qu'on ouvrît une carrière dans les magnifiques roches de granit de la côte. L'administration des douanes fut réduite à faire tailler à Ningpo, à 385 milles de là, les pierres nécessaires pour sa construction et l'on eut de grandes difficultés pour les monter ensuite sur la falaise du cap.

Pendant les travaux il y eut des rixes entre les habitants et les ouvriers. C'est qu'en effet les bonzes du monastère de Li-Kia-tchouang, menacés de perdre tous leurs revenus, maintenant que le gouvernement se chargeait d'éclairer la côte et de remplacer leur cloche par une sirène à vapeur, autrement puissante et cela sans demander une sapèque aux jonques, poussaient la population à la révolte. Au cours d'une de ces rixes, l'ingénieur des travaux, l'anglais D. M. Henderson, en se défendant avec la crosse de son revolver fit partir celui-ci maladroitement et tua l'un des indigènes. Il dut s'enfuir et ne réussit qu'à grand'peine à ne pas être massacré par la foule surexcitée. On jura la mort de tout Européen qui paraîtrait sur le terrain et les travaux ne furent achevés que fort péniblement. Il fallut subir un long procès et payer des indemnités à la famille du mort. Le phare était à peine terminé, ainsi que les habitations des gardiens et le mur d'enceinte, que l'on eut à subir un véritable siège. Les Chantounais, prétendant que le personnel du phare épuisait la seule petite source du voisinage, investirent l'enceinte et empêchèrent toute sortie des employés de la douane chargés du feu. Puis, s'enhardissant, ils firent pleuvoir une grêle de pierres dans les fenêtres des maisons des gardiens. Ceux-ci durent se réfugier dans la tour même du phare d'où ils firent des signaux de détresse aux vapeurs se rendant à Tchéfou. On dut envoyer la canonnière des douanes, le *Fei-hou*, pour les débloquer et empêcher les assiégeants de réduire les assiégés par la famine.

---

[1] Il n'existe sur la liste aucun phare ou feu flottant de seconde classe.

Lorsque nous visitâmes le phare, quelques semaines après, pour payer le personnel et faire l'inspection des travaux, nous eûmes la plus grande peine à obtenir de circuler librement aux alentours. De crainte de nouvel accident, il avait été absolument défendu aux gardiens de se servir des armes à feu, dont ils avaient été pourvus, autrement que pour défendre leur vie. La chasse leur était complètement interdite. Une sentinelle et un bon chien de garde étaient en permanence à la grille d'entrée, de forts barreaux de fer avaient été posés à toutes les fenêtres ce qui donnait à leur habitation l'aspect d'une prison. Depuis, les Chinois ont compris l'utilité des phares dont ils sont les premiers à profiter et plus n'est besoin de les transformer en forteresse. Les canons qu'on y trouve ne servent que pour les signaux en temps de brouillard.

Le personnel des phares est composé d'étrangers sous la direction de l'Inspecteur général des douanes. Dans chaque phare important, on trouve au moins trois gardiens étrangers aidés par un personnel chinois. La plupart des gardiens sont recrutés parmi les marins et dans l'*Out-door staff* des douanes. On en trouve de toutes les nations faisant un commerce important avec la Chine, il y a des Anglais, des Américains, des Français, des Allemands et des Danois. Les premiers sont naturellement en majorité, comme dans le service des douanes chinoises. Au 31 décembre 1897, on comptait soixante-quatre gardiens étrangers et cent quatre-vingt-seize Chinois. Un ingénieur en chef est chargé de la construction, de l'entretien, il réside à Changhaï. Pendant plus de vingt-cinq ans, le titulaire fut M. David Marr Henderson, ancien employé de la grande maison de lanternes de phare à Londres, MM. Chance Brothers, qui ont fourni un certain nombre d'appareils optiques. On en a demandé aussi pas mal à la maison française Lebarbier et Fenestre. Les gardiens des phares tiennent un registre d'observations météorologiques faites toutes les deux heures et qui est des plus utiles pour l'étude des vents et autres phénomènes physiques.

Plusieurs phares, entre autres celui du promontoire nord-est du Chan-toung et celui de l'île Gutzlaff, à l'entrée du Yang-tze-kiang, sont reliés au réseau télégraphique chinois et préviennent ainsi l'observatoire météorologique de Zi-ca-wei, près Chang-haï, de l'approche des typhons.

Les feux sont éclairés à l'huile végétale, sauf ceux du Nord de la Chine où il a fallu se servir d'huile de pétrole à cause des grands froids qui congelaient l'huile de colza, de thé ou d'arachides, dans les récipients. Aucun n'est encore, à notre connaissance, muni d'appareils à lumière électrique. On compte dans les ports et sur les côtes quatre-vingt-deux bouées avertissant des dangers sous-marins. Quant aux balises, elles sont au nombre de soixante-cinq. Les unes comme les autres sont peintes suivant les règles adoptées par l'amirauté anglaise, dont les douanes chinoises, dirigées par un Anglais, ont copié les règlements. Ceux des phares sont également inspirés de ceux de la fameuse compagnie des phares du Royaume-Uni connue sous le nom de Trinity-House. Chaque année, la liste officielle des phares bateaux-feux, bouées et balises est mise à jour et publiée au bureau des statistiques de Changhaï, par ordre de l'inspecteur général des douanes impériales maritines chinoises, Sir Robert Hart, et elle est mise à la disposition du public au prix coûtant. Les frais de construction et d'entretien des phares et balises sont pris sur les droits de tonnage perçus par l'Inspectorat étranger des douanes sur les navires de construction étrangère fréquentant les ports ouverts au commerce international.

A.-A. FAUVEL,
Ancien officier des douanes chinoises.

Paris. — Imprimerie F. Levé, rue Cassette, 17.

177